Blog
para el
posicionamiento

Ana Abregú

Abregú, Ana
Blog para el posicionamiento
Ciudad Autónoma de Buenos Aires, Noviembre 2022-
pag. 53 ; 15,24 cm x 22,86 cm

ISBN: 979-8361814381

1. Informática. 2. Manual. I. Título

Diseño de tapa: Ana Abregú.

Imagen de tapa: https://www.freepng.es/

Diseño de cubierta e interiores: Ana Abregú.

Impreso en Amazon

Contenido

INTRODUCCIÓN

El presente instructivo no es un manual de blogs, el cual se encontrarán en muchos sitios, sino un detallado diseño para optimizar las posibilidades del blog para el posicionamiento en buscadores.

Bajo la óptica de neutralizar dos grandes problemas que atacan nuestra era: el uso del tiempo, la obsolescencia. El tiempo que se usa en lograr posicionamiento y difusión, en gestión, es superior al beneficio que se obtiene. Las redes sociales nos usan a nosotros en vez de nosotros usar las redes sociales. Luego, la generación de contenidos se ha convertido en una actividad principal; en el tironeo entre el tiempo de gestión del contenido y la creación de contenidos, nos introduce en una carrera en la que pronto se agotan los recursos, el tiempo y los contenidos tienen límites a escala humana.

Este libro trata sobre cómo controlar ambos aspectos y seguir en la carrera sin agotarnos. Mínimos tiempos, multiplicando los beneficios en forma creciente es el objetivo de este libro.

No es un libro para especialistas en informática, sino para cualquiera que quiera beneficiarse de una técnica de difusión sin emplear la vida en ello. Y no aplica a un tema, sino a cualquier rubro que se emprenda.

Trata sobre no necesitar convertirnos en expertos en marketing o entablar actividades ajenas a nuestros intereses. Trata sobre emplear los recursos de forma optimizada, que nos permita no depender de expertos en áreas de publicidad o alternativas que impliquen el uso de redes que nos consumen el tiempo.

Es un libro para cualquiera que quiera dejar de correr detrás de las novedades para estar en línea, sino establecer una fuente permanente de difusión, sin necesidad de estar utilizando tiempo en actividades que tienen un efecto al azar y crecen en atención que agota las posibilidades y termina siendo una gestión que no se puede sostener.

Este es un método para evitar convertirnos en expertos de marketing, sino para establecer bases de difusión dedicándonos a nuestro propio tema.

El objetivo es: usar las herramientas que nos ofrecen para que los sistemas trabajen para nosotros, en vez de nosotros trabajar para los sistemas.

Qué Blog conviene: Blogspot

Por qué: porque es de Google, ya contiene lo necesario para beneficiarte con el posicionamiento, es cuestión de comprenderlo.

Entra en: www.blogspot.com.ar y antes de crear el blog, sigue leyendo para comprender qué nombre registrarás. No lo hagas a ciegas o porque te gusta una palabra o un nombre.

Saber lo importante

1. Ventajas

   a. La tecnología de blogs se crea para resolver un problema importante: la rapidez de la clasificación de la información.

   b. La rapidez no solo por lo que se incorpora segundo a segundo, sino para facilitar la publicación, sobre todo de medios importantes que generan contenidos más que ningún otro: medios de prensa.

   c. Los medios de prensa tienen una particularidad precisa, que no comparte con los sitios, plataformas, ecommerce: secuencialidad, contenido, multimedios.

2. Desventajas

a. Lo que es un sistema fijo de contenido que no favorece al posicionamiento, sino a la clasificación del material.

b. Los clasificadores para detectar la importancia de un sitio, buscan lo que los diferencia, los blogs, WordPress, Wix, etc, cuentan con las mismas estructuras indiferenciables unas de otras, lo que convierte el posicionamiento en un guerra de volumen de contenidos, mucho y mejor son alcances imposibles, compitiendo entre sí.

c. Obsolescencia: todos los contenidos se pierden eventualmente a la velocidad en que se generan más contenidos en el afán del punto anterior.

d. Sostener contenidos que dependen de la cantidad se vuelve económicamente inviable, sobre todo para contenidos que no generan esos contenidos.

e. Para sostener los puntos anteriores los Blogs sugieren la monetización: publicidad. Lo que a su vez evita las visitas o las condiciona a breves estancia de lectores, lo que su vez va en contra del proceso de monetización. Es una solución que sirve a influencers, no a artistas que mueven contenidos.

OBJETIVOS

1. Neutralizar las desventajas señaladas en el punto anterior.
2. Medir el posicionamiento
3. Construir contenidos adecuados.

EJECUCIÓN

El desarrollo del diseño de las condiciones de un blog es saber cómo presentar la información y aplicarla sobre el blog, teniendo en cuenta factores importantes para el posicionamiento.

Aspectos superficiales

Los algoritmos revisan "información" respecto a unidad de superficie. Esto implica que lo primero que debe encontrar, apenas se abre el blog es información que lo determine exacto en su clasificación, en la superficie que ve, esto es el marco en que se abre en una PC, sin tener que rolar la pantalla.

Ejemplo:

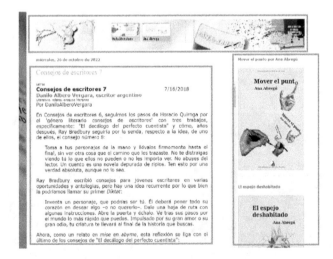

Observe que la cantidad de contenido es superior a las imágenes que no dan información. A la derecha, son links, los link son información.

En la mayoría de los blogs, le dan importancia al diseño del encabezado apuntando a una supuesta atracción del usuario por las imágenes. Pero quien ha llegado al blog ya llegó, no se necesita convocarlo con algo que antes de entrar, no sabe qué encontrará, por lo tanto, esta zona hay que diseñarla para los buscadores, para hacerles fácil la decisión en cantidad de contenidos versus información e imágenes.

    a. Esa información se acompaña con el nombre del blog: que debería contener la palabra clave para clasificación.

Cómo se busca el nombre del blog: si tiene un nombre de marca, no hay más que hablar, pero, lo ideal es agregarle a ese nombre, el rubro, ejemplo, si el blog es de literatura y se llama Odradek: odrakeliteratura.blogspot.com

    b. Para palabras no tan claras, atender a este consejo: En Internet se compran y se venden palabras, que son sobre las que se hará clic, una vez realizada una búsqueda. Ese es el valor de una palabra: las veces que habiéndose escrito en el buscador, sobre las que se muestran como resultado, dónde hace clic el usuario. A su vez, esas son las palabras que Google informa al comprador de palabras que debe utilizar para construcción de contenidos de su sitio, y a su vez son a tener en cuenta a la hora de elegir nombre del blog.

Por lo tanto, se coloca la palabra que se estima que sirve y se busca en Google. Tiene que probar al menos con dos, para tener punto de comparación:

Ejemplo: buscaré estas dos palabras: **criptomoneda**.

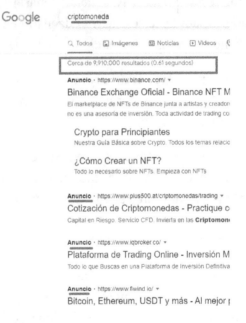

Observar que Google informó a los que pagas esa palabra, y por eso algunos las pagaron, el indicador sobre que es una buena palabra para ese rubro, es preciso eso. Si no se encuentran anuncios, *sponsors*, que refieran a la palabra elegida, significa que Google no la informó a nadie, implica que no hubo resultados satisfactorios. Es necesario pensar en otra.

En el ejemplo, la palabra es satisfactoria, pero debo tener con qué compararla para confirmar su efectividad.

IMPORTANTE: si hubieran aparecidos sitios que no se corresponden con el rubro que estoy postulando, aunque haya anuncios, no es una palabra adecuada. No basta que haya anuncios, además las respuestas deben coincidir con el rubro del que tratará el Blog.

Utilizo esos sitios ya encontrados para recabar la segunda palabra:

Usaré NFT –que al momento de este instructivo, está de moda. Significa comprar un tipo de activo dentro del campo virtual creado por Meta, la marca de FB, Instagram, etc., y seguramente habrá seguidores.

La primera palabra, me dio la pista de la segunda palabra:

Puedo elegir ambas para nombre del blog, o una, como resultará más fácil la que menos vínculos tiene, pero es importante, elegiría: criptomenda.

El nombre del blog: **criptomoneda-odradek.blogspot.com**

Construcción de valor de contenidos

Los factores de relevancia de contenidos, se apoyan en la originalidad, cantidad e tipo información.

Google comparará, dentro de los sitios clasificados, cual es el grado de originalidad. Google es semántico, buscará concordancia ortográfica y gramatical, y cuenta con algoritmos de análisis comparativos.

14

Llegado al punto de haber tenido en cuenta el rubro y encontrado el campo de objetivos del Blog, usará la cantidad de contenido, versus información.

Información para Google es que haya palabras, relacionadas con vínculos que lo lleven a una cadena de consecuencias del mismo tema.

En el pasado, se abusaba de ese concepto porque había sitios con palabras u vínculos que no informaban nada, hasta se formaron directorios con palabras y vínculos.

En la actualidad, hay una cota a respetar: solo el 3% del contenido debe tener un vínculo, esto implica un vínculo cada 500 palabra: una página A4. Es por ello que el mínimo de artículos que se venden en las que compran contenidos son 500 palabras, menos que ello, el vínculo es ignorado.

También se revisará que no sea material copiado, sin importar si es del mismo autor, se tomará como original al primero en fecha más antigua al resto de ignorará.

Sugerencia: no pierdan el tiempo copiando material, a la larga comienza a catalogarlo como Blog poco importante y lo relegará en puestos. Y una vez queda así clasificado, ya no hay cómo remontarlo

Construcción de entorno de contenidos

Lo que rodea al contenido también debe ser a propósito del tema.

Algunos piensan que usando contenidos de colegas los beneficia, sí, pero más beneficio es para el propio sitio, ya que contar con suficientes contenidos para superar a otros, es tares costosa. Es por ello que hay sitios que solo contratan contenidos, para venderlos. Sin embargo, hay sitios que los ofrecen gratis.

Aquí presentaré una opción en detalle de cómo obtener esos contenidos gratis, dentro del rubro que prefiera.

Para el ejemplo utilizaré: www.xost.com.ar, rubro Letras.

Objetivo: ampliar la cantidad de contenido que puede verse en mi Blog, que sea del tema Letras.

Para ello, entro en el tema que me indica el sitio: clic en Letras.

Observe la dirección del sitio, en el tema Letras:

Registro el código 26.

Ese sitio, contiene un Widget, que provee una ventana que se puede mostrar en otros sitios, sólo de un tema. El sitio está preparado para ese servicio.

Para colocar ese contenido en su blog, es fácil, siga las instrucciones:

Mire el código siguiente, observe dónde se coloca el código del tema:

http://www.xost.com.ar/WidtgetListadoPorMenu.asp?men_codigo=26

Si observa este modelo en un navegador, observará esto:

Recordar la regla de vínculos: en la página que se abre, debe haber suficiente contenido como para que los vínculos de este Widget, amplíen la cantidad de información, no que la sature.

El cálculo implica que para colocar un Widget, debe haber al menos 7 artículos en la Principal, con más de 500 palabras cada uno.

Pegando un Widget en el blog

Observe el código que deberá pegar:

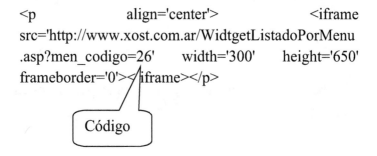

```
<p          align='center'>          <iframe
src='http://www.xost.com.ar/WidtgetListadoPorMenu
.asp?men_codigo=26'    width='300'    height='650'
frameborder='0'></iframe></p>
```

Código

Copiar todo ese código llevar al Blog.

Abrir el Blog en DISEÑO.

A la derecha, está el esquema de la distribución de la página, clic en Agregar Gadget.

Se abre una ventana, con opciones, elegimos la que permite pegar el código que habíamos copiado anteriormente.

De paso observe esta ventana contiene una serie de Gadgets que conviene incorporar, siempre desde el punto de vista del posicionamiento del Blog. La saturación de objetos a veces conspira en contra, ya que debe haber más información que no información y las imágenes no son información salvo que contengan un vínculo con un título.

Se abre una ventana que le permitirá colocar el código que copiamos antes:

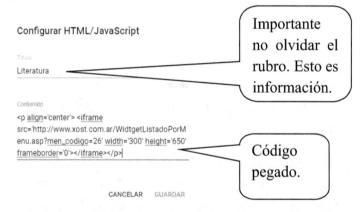

Clic en Guardar.

Verificando el efecto.

Abre el blog en una nueva ventana, observe el efecto:

Ver al final del instructivo, el listado de Widget disponibles que pueden servirle a tu Blog, de otros sitios.

IMPORTANTE: los Widgets que tome de sitios, si no contienen publicidad, sumarán al ranking de su blog. La publicidad de sitios, que no se le paga a Google altera el posicionamiento negativamente. Por el contrario, al usar el Gadget de monetización del propio Google, mantendrá el posicionamiento, sin afectarlo.

En el comienzo del blog y con no menos de los 7 artículos de tapa con más de 500 palabras indicadas, no incorpore Gadgets de monetización.

Gadget de Monetización. Se recomienda no agregarlo hasta que consiga entradas importantes que deberán ser del orden de los 5 ceros en adelante.

Añadir un gadget

 AdSense
Gana dinero mostrando anuncios relevantes en tu blog.

IMPORTANTE: no solicite ingresos a amigos y conocidos a estos Gadgets de monetización, Google detecta inmediatamente cuando no son real interés de los usuarios y cuando detecta esa maniobra, baja el ranking, con un *Warning*, difícil de remontar.

Gadget importantes para el posicionamiento

Estos son los Gadgets que tendrías que colocar para saber información sobre el desempeño del blog:

Búsqueda en el blog
Permite a los visitantes buscar en tu blog.

HTML/JavaScript
Añade funciones de terceros u otro código a tu blog.

Perfil
Muestra información sobre ti a los visitantes.

Archivo del blog
Permite a los visitantes desplazarse fácilmente por tu blog con enlaces a entradas antiguas.

Cabecera de página
Muestra el título y la descripción de tu blog.

Seguidores
Muestra la lista de los usuarios que siguen tu blog.

Etiquetas
Muestra todas las etiquetas de las entradas de tu blog.

Páginas
Muestra una lista con páginas independientes en tu blog.

Lista de enlaces
Muestra a los visitantes un conjunto de tus blogs, páginas web o sitios favoritos.

Texto
Añade un mensaje de texto a tu blog.

Entradas populares
Muestra una lista con las entradas más populares de tu blog

Estadísticas del blog
Muestra el número de vistas de página en tu blog.

Lista de blogs
Muestra lo que leés con una lista de enlaces recomendados de tus blogs favoritos.

Feed
Añade contenido a tu blog desde un feed RSS o Atom.

Feed
Añade contenido a tu blog desde un feed RSS o Atom.

Logotipo
Muestra lo orgulloso que estás de tu blog añadiendo el logotipo de Blogger a tu página.

Enlaces de suscripción
Permite que tus lectores se suscriban fácilmente a tu blog mediante los lectores de feed más conocidos.

Traductor
Permite a los visitantes traducir tu blog a distintos idiomas.

Lista
Añade una lista con tus libros y películas favoritos o cualquier cosa que te guste.

Formulario de contacto
Añade un formulario de contacto a tu blog.

Utiliza sabiamente cada uno, con el propósito de diferenciarte de la competencia. No descartes revisar cómo utilizaron estos Gadgets tu competencia.

Empieza por colocar los que no requieren más análisis que lo que indican que te ofrecen información de utilidad para testear cómo va el Blog:

Estadísticas

Seguidores

Traductor

Formulario de contacto.

Archivo del Blog

Búsqueda. (Este se coloca arriba a la derecha, es un espacio estándar para los campos de búsqueda y los lectores lo buscan en ese lugar).

Cada Gadget puede acomodarse en orden o espacio que se quiera, una vez colocado, botón derecho sobre él, arrastrarlo al lugar que se quiera.

IMPORTANTE: no invadir con Gadgets ni la cabecera ni es espacio de contenidos, recordar la regla de distribución, lo que es información clasificable debe ser más que la no clasificable, el campo buscador, por ejemplo, no es información clasificable, está en ese lugar, solo porque el lector lo buscará allí, y si no lo ve, creerá que no hay cómo buscar en el Blog, no supondrá que está en otro lado.

Analizando FEED

Una de las funciones interesante de los blogs es el forma Feed. En la introducción se habló de un tipo de diseño específico para información del tipo prensa: titulo, fecha, contenido, multimedio (video, sonido, imagen); esto responde a un tipo de código de programación específico, llamado RSS.

Feed RSS o *Really Simple Syndication*, es un recurso para la distribución de contenidos en tiempo real basado en el lenguaje XML. Esta tecnología permite a los usuarios de un blog o canal de noticias seguir sus actualizaciones a través de un software, sitio web o agregador de navegador.

Esto implica que podría tomarse el contenido del blog y mostrarlo en otros espacios. Esta acción, es precisamente una de las más codiciadas: que el Blog se muestre como de gran interés para otros espacios donde se encuentran lectores a los que nuestro material podría interesarle, información que Google conoce muy bien.

Cuando Google utiliza nuestro Feed para mostrar en otros espacios, es un indicador de que nuestro blog está teniendo resultados exitosos.

Ahora, lo mismo al revés: qué aporte sería que en nuestro espacio podamos utilizar contenidos de otros. Y lo llevemos a un nivel más, que esos otros seamos nosotros mismos.

Y dónde podríamos encontrar material de nosotros mismos: en otro espacio donde haya RSS de nuestros contenidos.

NOTA: en los Bogs este tipo de sindicación, es como las entradas *Atom,* también de las principales familias de formatos de sindicación web. En la actualidad es el formato RSS (Sindicación Realmente Simple) el que refiere a lo mismo. Para leer una fuente es necesario suscribirse mediante un agregador. El agregador muestra los contenidos nuevos publicados por el proveedor de la fuente suscrita.

En nuestro caso, agregaremos nuestro contenido a otro sitio. Pero, cuando publicamos en nuestro Blog, lo ideal es que otros se suscriban a nuestros contenidos, por ello, es buena idea dejar abierta la posibilidad de que otros se suscriban a nuestro sitio, porque es un voto de confianza a nuestros contenidos.

Ergo: para poder ser importantes, no bastará llenar el Blog de nuestros contenidos, sino también en otros: porque para Google eso significa convocatoria.

Es importante entonces que no sólo haya contenido en nuestro Blog, sino un aporte en otros espacios. Pero cuidado, no en cualquiera, sino en aquellos que tengan el forma Feed que se pueda sumar a nuestro Blog, y no puede ser todo, solamente nuestro, Google percibiría la maniobra.

Entonces, procuraremos sitios donde haya un diseño de Feed, del tema que nos ocupa, para sumarle a nuestro Blog.

Para ello recurriremos al sitio Xost, que ya conocemos. Este sitio, ya vimos antes, es ideal para mostrar contenido ya que no tiene publicidad, y Google beneficia a sitios que no muestran publicidad.

También tiene un servicio de Feed, donde lo muestra aquí: ver ángulo superior derecho:

Clic en el botón y aparece el formato XML de un FEED.

This XML file does not appear to have any style information associated with it. The document tree is shown below:

```xml
<rss version="2.0">
  <channel>
    <title>RSS Feed de Xost</title>
    <link>http://www.xost.com.ar/</link>
    <item>
      <title>Cursos REA y otros ejemplos de formación en línea 49 caracteres</title>
      <link>http://www.xost.com.ar/notas.asp?con_codigo=1517</link>
      <description>Quizá sea cierto que, aunque dediquemos tiempo, años, a formarnos para una determinad
      probable que esto se deba, entre otros motivos, a la aparición de internet y, con las redes digita
      económica, o más bien las, pues los elevados niveles de desempleo, y por tanto la escasez de ofert
      esto sucede, ya lo dijimos, en todos los sectores; así, será sencillo encontrar cursos de especial
      conocimientos teóricos o prácticos relativos a la prevención de riesgos laborales, fundamental a l
      trabajo deban manejar a fondo y con precisión todas aquellas normativas básicas; desde las leyes a
      ejemplos de especialización, ya que se pueden pulir habilidades imprescindibles si se llevan a cab
      trabajos en altura online. Dicho curso nos ayuda a comprender mejor cómo funciona esto de la espec
      la misma seguridad un trabajo en andamios especialmente elevados, algo que puede aprenderse con un
      </description>
      <pubDate>10/28/2022</pubDate>
      <author>Contenidos7</author>
    </item>
    <item>
      <title>Oficinas Coworking Vecindario, tu espacio para trabajar en Gran Canaria</title>
      <link>http://www.xost.com.ar/notas.asp?con_codigo=1516</link>
      <description>¿Trabajas de manera remota? ¿Puedes trasladar tu trabajo a cualquier parte del mundo?
      las playas, de actividades al aire libre, además de hacer tus pequeñas escapadas y conocer el rest
      encontrarás algo más que una simple oficina. Sus espacios compartidos conectan a las personas que
      buscan disfrutar de un espacio tranquilo, cómodo y creativo donde ejercer tu trabajo.
      trabajar en casa. Un ambiente como el que se ofrece en las oficinas coworking, ayuda a concentrars
      inferior a los alquileres de las oficinas tradicionales y listo para empezar a trabajar desde el m
      empleados, es posible. Los profesionales pueden optar por espacios físicos: oficinas compartidas o
      necesitan, también dispone de una amplia y equipada sala de reuniones, con capacidad para 8 o 10
      y/o actividades de trabajo, de manera remota, con ella podrás domiciliar tu empresa y disponer de
      del año y sin compromiso de permanencia. Coworking Vecindario dispone de todo lo que necesitas par
      seguridad, muy importante, a un precio económico. </description>
      <pubDate>10/28/2022</pubDate>
      <author>Contenidos7</author>
```

Observe las características, fechas, título, contenido. Este es un código normal de un Feed.

Cada vez que alguien publica un contenido en el sitio, se genera este Feed. De manera que puede ser detectado por los algoritmos buscadores de Feed, de la blogsfera (y clasificar el sitio, siendo que no es un Blog, lo que amplía las capacidades del propio sitio), y permite usarlo como Feed en nuestro sitio.

No es necesario que hayamos publicado en ese sitio, pero si lo hacemos, el Feed del sitio incluirá nuestro contenido.

NOTA: Es importante tener contenidos en ese sitio, como otros, y ampliaremos más adelante otras conveniencias, además de incluirnos en el Feed.

Copiar el vínculo del Feed y colocarlo en el Gadget Feed de nuestro Blog:

Ver que solo coloco la dirección, presionar CONTINUAR, y se producirá la revisión de si es un formato válido:

Luego de continuar, buscará el título automáticamente, y me lo mostrará:

Configurar el feed

Título
RSS Feed de Xost

18 / 100

URL del feed
http://www.xost.com.ar/rss/RSSxost.xml

42 / 2.000

CAMBIAR LA URL DEL FEED

Número máximo de elementos mostrados   5 ▾

Mostrar fechas del elemento

Mostrar fuentes/autor del elemento

Abrir enlaces en una ventana nueva

CANCELAR   GUARDAR

Ver que abajo indica lo que se incorporarán: habilitar

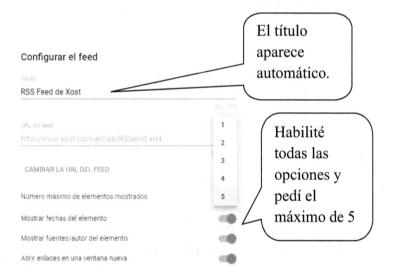

El título aparece automático.

Habilité todas las opciones y pedí el máximo de 5

Al ir guardando las opciones, puede verse el efecto. Abrir una página nueva y ver el Blog.

Efecto:

Qué nos conviene: que entre esos cinco artículos que se muestran, haya al menos uno nuestro.

Ahí ya tenemos un ritmo: revisar usualmente ese sitio, y nos ofrecerá una situación de cuándo el conveniente publicar en ese sitio, en vez del nuestro.

Recuerde que no se puede publicar el mismo contenido en ambos, ni en ningún otro.

Pero he aquí donde ese sitio nos muestra la mejor ventaja para sortear ese escollo.

Lo más difícil de generar, una vez hecho todo el montaje del blog, es generar contenidos. Eso lo tendríamos que hacer, aunque no tengamos blogs, porque es la manera de hacernos conocidos.

Esta es la mejor forma de hacerlo: podríamos aprovechar el contenido todas las veces que queramos, sin copiar, sin pegar. Ese sitio ofrece exacto ese servicio.

Aprovechando servicios de terceros para optimizar el Blog

Lo primero es tener un artículo escrito, de más de 500 palabras, con un solo vínculo. Para el ejemplo, utilizaré un texto que ya preparé para la ocasión. Para los nuevos usuarios, hay que registrarse en el sitio, es gratis, y aunque piden muchos datos, solo son necesarios nombres, login, mail y el Catchap para registrarse, puede completar los datos en otra ocasión.

Para Registrarse:

Una vez dentro, clic en: Publicar nota

Se abrirá un Formulario que le permitirá escribir el artículo o copiarlo desde Word.

IMPORTANTE: se deben llenar todos los campos. Los subtítulos y Epígrafes, si no se tienen preparados, consultar cuando se explicó el nombre del Blog, la forma de encontrar palabras que mejores la difusión. Lo mismo para completar los campos al pie del formulario. Es en estos puntos donde es importante el contenido, no colocar copias, ni poco originales, cuidar la ortografía y gramática, y que sea del tema que nos interesa.

Ver al pie del formulario:

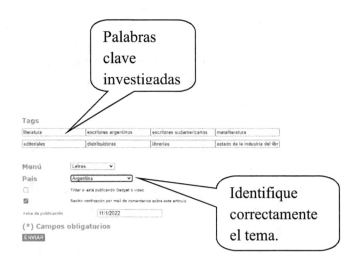

Al enviar. Se le informará que este artículo, no sólo se ha publicado en este medio, sino también se ha enviado al Blog propio del sitio. No es una copia, es este mismo artículo que estamos mirando. Si hiciéramos un cambio en esta publicación, impactaría directamente en el blog.

Se publicó también en http://xostxost.blogspot.com

NOTA: si se ha podido publicar en un blog, desde un sitio, sin copiar, ni pegar, es lo mismo que podríamos hacer en nuestro propio Blog, sin copiar ni pegar. De modo que cualquier cambio que se produjese en el original, impactaría en nuestro Blog.

De este modo, podría propagar un contenido, en diversos medios, sin copiar, ni pegar, simultáneamente, cumpliendo las condiciones de los buscadores de no copiar o pegar, acción que es penalizada.

Ver el efecto:

Título, subtítulo y epígrafes son también información, pues son palabras relacionadas a vínculos.

Recordemos que estas acciones generaban un formato RSS, que permitía contribuir con un Feed, a nuestro blog, donde ya instalamos un Gadget que mostraría este artículo.

Observar el blog del sitio:

https://xostxost.blogspot.com/

NOTA: Entonces también podemos tener este artículo en nuestro propio blog.

Este contenido es entonces un código del contenido del sitio. Identificamos el código del artículo, mirando en la dirección del artículo:

Volvemos a xost.com.ar, entrar al artículo con clic en el título.

Miramos la dirección del artículo:

xost.com.ar/notas.asp?con_codigo=1518&aut_codigo=85&men_codigo=26&titulo=Industria%20del%20libro

Observar el código del artículo, ver en el siguiente código, en dónde se copia ese número:

> Aquí va el número de artículo.

```
<p align='center'> <iframe
src='http://www.xost.com.ar/widgetcontenido.asp?id=1518'
width='700' height='800' frameborder='0'></iframe></p>
```

Entramos al Blog: Clic en NUEVA ENTRADA

Ana Abregú, Diseñadora web,
escritora

+ NUEVA ENTRADA

A la derecha veremos el formulario que nos permite ingresar el código:

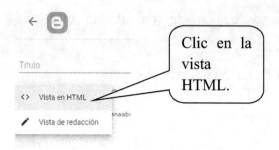

Clic en la vista HTML.

Pegar el código en el cuerpo del formulario. No olvidar llenar el campo de etiquetas.

Al Grabar, tendremos en nuestro Blog, el artículo que publicamos en sitio externo.

Ahora tenemos muchos vínculos que asocian nuestro contenido al blog: en Feed, el Widget, el sitio, ambos Blogs.

De este modo hemos aprovechado una sola publicación en distintos medios.

Ver el efecto:

El artículo en nuestro Blog.

Aquí tardará en verse el impacto.

Aquí vemos el artículo en su sitio original.

Qué otra cosa pasó

Al haber publicado en Xost, automáticamente se publicó en otros tantos sitios colaborativos con Xost.

Estos son:

www.xost.com.ar
www.xitio.com.ar
www.webnoticias.com.ar
www.sociedaccion.com.ar
www.sintagmas.com.ar (no contiene blog asociado)

Observe el efecto, ingresa a: www.webnoticias.com.ar (o cualquiera de los otros)

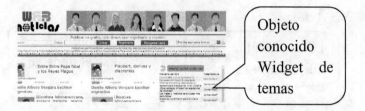

Objeto conocido Widget de temas

En cada uno de los otros sitios, se ha incluido el vínculo que conducirá a cualquier araña de recorrido de prensa, hacia los otros medios.

Es suficiente con publicar en uno, para que la novedad se incorpore a los otros sitios.

Plus de novedades

Si además, en cada publicación se coloca también los Widget de listados de las otras, el crecimiento de vínculos no solo aparece en la publicación actual, sino en todas las que se publiquen cada vez.

Observa la publicación que se hizo para este ejemplo:

http://www.xost.com.ar/notas.asp?con_codigo=1518 &aut_codigo=85&men_codigo=26&titulo=Industria %20del%20libro

Rolar la pantalla hacia abajo, se puede ver que se han incorporado los Widgets de todos los medios.

Prueba a dónde dirige éste código.

Widgets de contenidos del autor de la publicación.

Observe con detenimiento, cualquiera de estos Widgets, colocaré los dos Widgets para que observe la comparación:

El Widget de la izquierda es de solamente todas las publicaciones del autor del artículo.

El Widget de la derecha son las publicaciones del Tema letras es de todos los autores de ese tema que publicaron en el sitio.

¿Por qué pusimos en el blog lo que otros publicaron en vez de solo colocar nuestras publicaciones?

Porque el ranking de Google tendrá en cuenta el volumen de contenidos en nuestro Blog, y no podemos conseguirlos solos, sumamos volumen cuando colocamos contenidos de sitios externos, que tengan que ver con nuestro tema.

También hay un factor que suma: que otros sitios contengan nuestro material y esté siendo referido a nuestra publicación.

Hay un doble beneficio. Qué conviene, tener ambos Widgets en nuestro Blog, porque ambos colaboran en el volumen de información en nuestro Blog.

Los códigos para agregar estos Widgets, se incluirán en un anexo, al final del libro.

Todos los sitios contienen los mismos Widgets que pueden ser utilizados no solo para introducir mediante Gadgets en nuestro Blog, sino también agregarlos en las publicaciones de los sitios.

Cómo agregamos código en la publicación en medios externos

Cuando se abrió el formulario de publicación, pegamos el contenido desde Word. Pero, pudimos pegar código, usando el modo de introducción de código html.

Observe en la botonera del formulario de publicación:

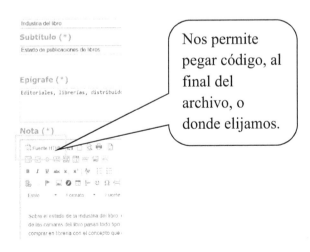

Nos permite pegar código, al final del archivo, o donde elijamos.

43

En el ejemplo, introduje el código de Widgets, que muestran el listado de publicaciones del usuario con que publiqué:

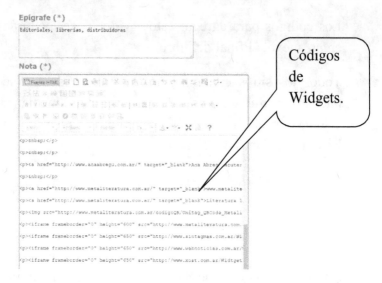

Al final de este libro se encuentran los códigos disponibles de todos los sitios para incorporar Widgets.

Criterios sobre dónde publicar

Acabamos de ver que si se publica en un medio de prensa, además de en nuestro Blog, tenemos en el Widget, en los Feed del sitio, en el listado de las publicaciones del sitio, en el Blog del sitio, y en cada uno de los otros sitios donde hay un Widget del listado de publicaciones.

Parece que es más efectivo publicar en los medios de prensa y colocar el código en nuestro Blog que solamente tener el contenido en nuestro blog que no tiene otro uso más que ese mismo.

Efectivamente, publicar en medios de prensa que nos permitan estos servicios es más efectivo que publicar en nuestro propio blog. Y para qué entonces tenemos nuestro Blog: porque es el espacio donde está todo nuestro material concentrado y sabremos donde está el resto. Con el tiempo no es posible recordar dónde se ha colocado cada cosa.

Plan de difusión efectivo

Entre los factores de posicionamiento hay prioridades que Google declara en su base de conocimiento, pero, recuerde que Google detecta los artificios, si siempre se usa un mismo factor, lo empezará a considerar poco efectivo.

Entonces lo mejor es tener un plan de diversificación, y es el siguiente:

- Prepare 12 artículos como mínimo para comenzar este proceso que se le indicará.
- Preparar un artículo al menos, para cada uno de los sitios, Xost, Xitio, Webnoticias, Sociedaccion, Sintagmas, Blog propio, uno por día. En este punto, al día 6, vuelva a empezar la rueda, otra vez desde Xost. En este punto tendrá en cada uno en uno de los medios de prensa un artículo y dos en su Blog.
- Colocar los Wigests de los medio de prensa en el Blog, esto se realiza una única vez. Estos código están al final del libro. Y son: listado de artículo del usuario – mostrará el principio uno, los que se publicaron los días

anteriores–. Listado de artículos del tema, en el ejemplo letras.

- Colocar Widget de Feed de cada sitio, en este momento, cada Feed contiene un artículo propio.
- Escribir un artículo por semana. Cada artículo se publica en un día. Al día siguiente lo publica con un Widget en el Blog. Al día siguiente, publica en el siguiente sitio, con un Wiget –recuerde que no puede copiar y pegar el único modo –.
- **IMPORTANTE: pronto se nota que el tiempo para publicar requiere de una dedicación diaria, para producir una novedad diaria. No se escribe un artículo por día, sino que se escribe uno, y se propaga el mismo, día a día, en los otros medios, usando los Wigets. Esto implicará estar atentos diariamente. Para evitar esta atención, cada sitio, incluyendo el Blog cuenta con la posibilidad de "pre" publicar, informando en qué fecha debe publicarse al público.**

  La mejor forma es dedicarle un día a publicar lo que pasará en una semana, esto hace que se pueda prever las fechas sin estar pendiente. **En los sitios en el formulario de ingreso del artículo al pie, antes de enviar a publicar se indica la fecha de publicación, que por defecto es el día que se está ingresando el contenido:**

Aquí cambiar la fecha de publicación

Feha de publicación   11/1/2022

(*) Campos obligatorios

ENVIAR

En el Blog, cuando estaba en el formulario de publicación, debajo de donde permite colocar etiquetas, puede incluir la fecha de publicación diferida.

Publicada el
∨ 1/11/22 22:26

- Provocar que ese único artículo se propague de todas las formas posibles, implica publicar en medios de prensa, pero, el propio Blog debe tener un original, estratégicamente, para que se considere un original en el mismo blog.
- En cada publicación, en los medios de prensa, incorporar todos los Wigest, en cada publicación, pero en el Blog, no será necesario, ya que se hace una sola vez, como Gadget, y están siempre a la vista.

CÓDIGOS DE WIDGETS

Xost

En rojo cuando deben buscar el código en la dirección del sitio.

Contenido	`<p align='center'> <iframe src='http://www.xost.com.ar/widgetcontenido.asp?id=1316' width='700' height='800' frameborder='0'></iframe></p>`
Tema	`<p align='center'> <iframe src='http://www.xost.com.ar/WidtgetListadoPorMenu.asp?men_codigo=26' width='300' height='650' frameborder='0'></iframe></p>`
Autor	`<p align='center'> <iframe src='http://www.xost.com.ar/WidtgetListadoPorAutor.asp?id=85' width='300' height='650' frameborder='0'></iframe></p>`

En rojo cuando deben buscar el código en la dirección del sitio.

Contenido	<iframe src='http://www.xitio.com.ar/widgetcontenido.asp?id=2410' width='700' height='800' frameborder='0'></iframe>
Tema	<iframe src='http://www.xitio.com.ar/WidtgetListadoPorMenu.asp?men_codigo=26' width='300' height='650' frameborder='0'></iframe>
Autor	<iframe src='http://www.xitio.com.ar/WidtgetListadoPorAutor.asp?id=85' width='300' height='650' frameborder='0'></iframe>

Webnoticias

En rojo cuando deben buscar el código en la dirección del sitio.

Contenido	`<p align='center'> <iframe src='http://www.webnoticias.com.ar/widgetcontenido.asp?id=3622' width='700' height='800' frameborder='0'></iframe></p>`
Tema	`<p align='center'> <iframe src='http://www.webnoticias.com.ar/WidtgetListadoPorMenu.asp?men_codigo=26' width='300' height='650' frameborder='0'></iframe></p>`
Autor	`<p align='center'> <iframe src='http://www.webnoticias.com.ar/WidtgetListadoPorAutor.asp?id=85' width='300' height='650' frameborder='0'></iframe></p>`

En rojo cuando deben buscar el código en la dirección del sitio.

Contenido	<iframe src='http://www.sociedaccion.com.ar/widget contenido.asp?id=2815' width='700' height='800' frameborder='0'></iframe>
Tema	<iframe src='http://www.sociedaccion.com.ar/Widtge tListadoPorMenu.asp?men_codigo=16' width='300' height='650' frameborder='0'></iframe>
Autor	<iframe src='http://www.sociedaccion.com.ar/Widtge tListadoPorAutor.asp?id=85' width='300' height='650' frameborder='0'></iframe>

Sintagmas

En rojo cuando deben buscar el código en la dirección del sitio.

Contenido	`<p align='center'> <iframe src='http://www.sintagmas.com.ar/widgetcontenido.asp?id=4164' width='700' height='800' frameborder='0'></iframe></p>`
Tema	`<p align='center'> <iframe src='http://www.sintagmas.com.ar/WidtgetListadoPorMenu.asp?men_codigo=17' width='300' height='650' frameborder='0'></iframe></p>`
Autor	`<p align='center'> <iframe src='http://www.sintagmas.com.ar/WidtgetListadoPorAutor.asp?id=115' width='300' height='650' frameborder='0'></iframe></p>`

Ana Abregú, SEO posicionamiento, *community manager*, programadora de herramientas, sitios y medios. Formación en ingeniería electrónica, difunde sobre posicionamiento en buscadores en sus sitios:

www.anaabregu.com.ar

www.datagestion.com.ar

http://posicionamientoenbuscadores.datagestion.com.ar

contacto@anaabregu.com.ar

contacto@datagestion.com.ar

Blogs

http://anaabregu.blogspot.com

http://datagestion.blogspot.com